JN418332

환한 약속

환한 약속

김세웅 시집

月刊文學 출판부

| 自序 |

거울을 보니 얼굴이 흘러내린다
살바도르 달리의 흘러내리는 시계가 실감 난다
달리는 녹아내리는 나무, 철교, 세월의 속내를
개성적인 시각으로 일별하였던 듯하다
그러나 시간은 지목 될 수 없다
살바도르 달리는 붓을 놀리며
흘러내리는 진실과 착각의, 그 한계를 즐겼을까

다시 보아도 거울이 아니라 얼굴이 흘러내린다
내가 언젠가 놀렸던 붓질임을 알겠다
착각이거나 장난이었음을 알겠다

설사 거울이 흘러내린 흔적이라 한들
달라질 게 없다.

2021년 봄
김세웅

차례

시인의 말 005

기쁨의 신발 1

8월의 폭우 012
참회 013
탕자의 골목 014
출석 점검 015
앉은뱅이 하느님 016
"요구르트가 뒤에 있는 줄 모르고 017
무지 018
뜰 앞에 잣나무 019
삶 020
팬터마임 021
연역법 022
중간 결산 023
쉬 하는 하느님 024
강가에서 025
어느 날 종소리가 들렸다 026
문 027
회의 소집 028
환한 저녁 029
둥글게 둥글게, 손잡고 030

그래도 고맙다 2

나만큼 늙어가는 하느님 034
무주공산 035
슬픈 노동 036
'외로우니까 사람' 이라고? 038
나 039
이런 하루 040
저 불구덩이 042
석양의 우마차 044
'누가 되지 않겠습니다' 045
나는 너의 046
그래도 고맙다 047
눈 구경 한다 048
갓바위 여래불 049
대자대비의 글밭 되소서 050
죽음이 온다고? 052
푼수 053
어느 날의 꿈 054
구멍론 055
팔공산 하느님 056

누더기 하느님 3

기억 속의 하느님 058
예언 059
불온한 빨래 060
나의 하느님 062
꽃밭에서 063
누더기 하느님 064
겨울 삽화 065
원인무효 066
주식 하시는 하느님 067
국화 앞에서 068
하느님의 똥침 069
마누라의 맹세 070
심심한 식탁 071
말 안 되는 소리 072
수의·상 074
수의·하 075
전집 읽기 076
방귀쟁이 하느님 077
피차일반 078

칼과 못 4

가을 저녁 080
꽃 081
나의 배고픔은 082
누구라도 083
대책 없는 하느님 084
변신 085
별 086
청춘의 덫 088
이 짐승을 어찌할꼬 090
칼과 못 091
묘사 092
어, 황혼 093
독백 094
알라딘의 벽 095
허수아비 096
울보 하느님 097

후기 098

| 작품해설 |
그가, 오랜 골목에 돌아오다 · 김상환 113

1
기쁨의 신발

8월의 폭우

독서 중에
쫓아오는 발소린가 하여
주위를 둘러보니
창 밖에 소나기가 쏟아진다
소나기의 발꿈치를 번개가 때리고
번개의 귀에 천둥이 친다

누구를 쫓아 다니던 폭우의 시절에도
집착의 발소리 이러했던가?
번뇌와 소동이
번개와 천둥처럼 일어도 알지 못하고
자욱하게 흐트러지는 발소리를
나만 듣지 못했던가?

내가 그를 지목했을 때
애꿎은 그는 소나기를 피하기에 바빴겠구나
발소리에 놀란 누군가
읽던 책을
내려놓기도 하였겠구나.

참회

생업 중에,
무엇을 묶고 어느 것을 골라내는 삼매 중에
북받치며 슬며시 솟아오르는
그렁그렁 눈물에
三千拜
남 볼세라 그 눈물 훔치는 중생심에
三千拜
그 눈물, 어머니 품 속 일적 눈물과 다르지 않음에
三千拜
눈물을 받쳐온 눈꺼풀에
三千拜
그렁그렁 옛사랑에, 어머니, 돌부리에, 어릴 적 태워 죽인 개미떼에
三千拜
모든 걸 제하고도 덤인 듯
남아있는 목숨에
三千拜.

탕자의 골목

오랜 골목에 돌아와서
지난 이름을 불러보네
낯익어 아직도 선명한 얼굴
슬픔이여, 부르면
그는 머리를 떨군다
다시 슬픔이여 부르면
머리를 숙인 채 멀어져 간다
찾을수록, 맞으려 할수록 멀어지고
부르고 불렀기에
나는 외롭지 않다
그의 이마는 부서지는 낙엽
그의 애틋함은 시효 지난 유배
그가 빚은 자학의 경전은
세월에 고이 닦여
기쁨의 신발이네.

출석 점검

사월초의 팔공산에는 신령재 아래, 산수유의 출석 점검이 한창이다

일 년만의 호명에 있는 대로 손을 치켜들며 “저요” “저요” 하는 어린 산수유들의 노란 메아리, 병아리란 병아리는 죄다 모였다

얼결에 손을 들려다가 움찔 되 집어넣는, 부끄러운 홍조의 진달래는 아직 방학 중이다

멀리 산기슭에선 목련의 종친회가 한참이다

한 해를 살아남은 만물이 제 이름을 호명 받고 족보를 확인하는

다시 봄이다

계곡에 새로 흐르는 물도 땀을 뿌리며,

동사무소로 면 호적계로 내리 달린다

아무 생각 없이 산에 오른 나만

출석 점검할 연고도 없이 괜히 바쁜 걸음으로 산수유 수풀을 지나치는데

초등학교 복도를 지나가는 낯선 사람 보듯

교실 안에 봄이 일제히

나를 돌아본다.

앉은뱅이 하느님

기억도 희미한 보릿고개 시절
꾸어다 놓은 보릿자루
닮은 하느님
백년이라도
그 자리에 그대로일 하느님
불러도 막무가내
그 자리인 하느님
앉은 자리에서 꽃 피우는 하느님
찾아오는 사람은 누구라도 머물 수 있게
사철 꽃 피는 하늘공원
이고 계신
슬프지 않은 앉은뱅이
보릿자루 하느님.

"요구르트가 뒤에 있는 줄 모르고

염불하고 있었네!"
그 소리에
내 안에 무엇이 벌떡 일어섰다
아! 요구르트가 뒤에 있으면 염불이 되는구나
그런 방법이 있었구나
거기 요구르트 있는 줄 몰랐으니
요구르트가 아니라도 무방하겠구나
모르면 간절하구나
뒤에 있는 줄 몰랐으니
사방 어디에 있어도 관계 없겠구나
간절하면 통하겠구나
요구르트 찾고는 염불 않으니
모르는 게 염불이구나
그냥 모르면서 오롯하면!
되겠구나.

무지

길은 하고많은 세월, 길이었기에
자신이 흙이었음을 잊어버렸다

나는 너무나 오래 사람이었기에
원래 나 이었음을 잊어버렸다

너무 오래 몸이었다
너무 오래 아버지 아들이었다

하늘은 하도 오래 땅 위에 머물러서
자신이 땅을 쥐고 있다는 사실을 잊어버렸다

아, 습관처럼 살다가
나를 쥐고 있다는 사실을 잊어버렸다.

뜰 앞에 잣나무

초등학교육학년겨울에할머니께서돌아가셨다당시엔중학교입시가있던시절이라나는장례에참석치도않았다대학시절할아버지돌아가시고선산에서나는먼발치로하관이며관주위로뿌려지는횟가루를구경만하였다내나이사십에아버지돌아가시고무덤속석관으로들기전의아버지발을꼭잡으며그순간을잊지않으려다짐하였다그오년후에어머니돌아가셨다나는무덤구덩이속에들어가서석관에누이려는어머니의시신을받아들었다석관뚜껑이닫히기전에광목속어머니의얼굴을새기듯이만졌었다그리고오년후처음객지살이떠날아들이그전날함께자기를청하였다먼저잠이깬새벽에아들의머리며손발을만지다가함께하는세월은햇수에관계없이짧고도긴순간임을절감하였다창틀에아직차가운이월의달이나와눈맞추려고서으로가던길을멈추었는데문득내나이오십아들나이이십이되어있었다.

삶

걷고만 있어도
길 위에 장문의 편지를 쓰고 있다는 걸
사람들은 모른다
불러주지 아니하는 세월
누워 비비적거리기만 하여도
방바닥에 아름다운 시 한 편 남기고 있다는 걸
사람들은 모른다
이미 이루었기에
잘 알면서
모른다고 한다
숨만 쉬어도
새 하늘을 만들면서
누워만 있어도 시를 쓰면서.

팬터마임

검은 비닐봉지가 횡단보도를 건너 간다
유치원 아이처럼 머뭇거리다가, 허둥대며 가다가, 갑자기 멈춰서는
봉지는 달려드는 차의 보닛 위로 튀어 오르고
발통에 깔렸다가 다음 차의 차체 밑으로 기어들고, 꽁무니에 매달려 한참을 쏘다니다가
차선이 없는 네거리 한가운데서
봉지를 벗기려, 얼굴을 빼려고 바둥거린다
검은 봉지 덮어쓴 듯 생머리를 펄럭이며 처녀가 횡단보도 건너고
봉지 벗은 대머리 아저씨가 숨찬 자유형으로 택시 쪽으로 헤엄친다
얼굴을 빼려고 봉지는 날아올라 가로수 가지에 목을 거는데
투명 봉지를 덮어쓰고도 답답한 줄 모르는 행인들은
검은 봉지의 절박함이 마냥 재밌거리다
봉지의 무언극은 계속되는데
가만히 보면 중앙분리대의 새싹도
가로수의 가지에도
봉지를 벗으려는 새 움들의 무언극이 한참이다.

연역법

사람이 탑이다
그러니까 내가 사람을 돌고 있지

사람이 탑이다
그러니까 내가 사람에게 두 손 모으지

그러니까 몸 속엔 무거운 뼈가 있지
사리처럼 눈물 반짝이지

그러니까, 집 지으면
귀한 곳에 사람 먼저 앉히지

탑은 따로따로 서 있지
홀로 가득하지
밤이나 낮에도 정신 놓지 않는,
허물어진 뒤에도 전설로 남는
그 자리에 있는 것만으로 위안을 주는
무슨 신통을 언제 발할지
알 수가 없는,

그러니까 사람이 탑이지.

중간 결산

착착 맞아 떨어지던 일에 두서가 없어졌다
아, 두서가 있긴 있다 풀어졌나 보다
두서가 풀어지면서
시력도 식욕도 풀어지는데
눈에서 눈물 비치는 나이가 되면
더는 돈을 모을 수 없다던
할아버지 말씀이 생각난다
모을 수 없다기보다 모으려 해선 안 된다는 걸까
두서가 풀어지면서
걱정도 풀어졌다
잘하면 걱정 없이 죽겠다
손해나는 장사는 아닌 것 같다.

쉬 하는 하느님

오줌발이 굵은 고로
세 발로 선 것 같다
자신이 만든 땅이 유실되지 않도록
오줌발로 심을 박는 하느님
신명나면
박던 심에 발통을 달아
세발자전거 타듯 걸어가며 쉬 하는 하느님
굴착기 쥔 손 떨리듯
부르르 떠는 하느님
심박은 자리에 굴착기 손잡이인 듯
남근을 남겨두고
떠나는 등이 자꾸만 구부러지는 하느님
심이 빠져
두 발로 기어가듯 가는 하느님,
나의 아버지.

강가에서

꽉 쥐면
부담스러워 물은 손을 뺀다
느슨하게 마음을 풀면
물은 손바닥에서 맴돌며
손을 놓지 않는다

나는 흘려버린 아이의 손을 잡는다
나를 다스렸던 어머니의 손을 잡는다

용서해다오,
어머니, 편안하세요?
물의 맥박 아이의 맥박이
물의 주름, 어머니의 숨결이
손바닥에서 맴을 돈다

어머니! 아이야! 마음이 급해지면
꽉 쥐는 손을 놓는
약속.

어느 날 종소리가 들렸다

학교나 교회의 타종 소리가 아닌
깔리며 굵게 울리는 범종의 소리였다
주위를 둘러봐도 당연히 종각이나 절은 없었다
이명인가 주의해 봐도 귀는 묵묵부답
서 있다가 앉으면 소리는 더 크게 났다
좌변기에 앉으면 변기가 울림통 되어 더욱 크게 들렸다
어쩌면 변기에 앉은 자세 그대로 범종의 모습 같다
부드러운 곡선의 원뿔형
엄마 찾는, 번민하는
오래 울리며 애타게 부르는 목 메인 소리
살아남으려, 지푸라기라도 움켜쥐려던 신음이 섞여 있고
자가당착, 홀로 터트리던 욕설도 숨어있고
깨어진 항아리 조각을 맞추던 한숨도 녹아있고
무수한 소리들이 합창하듯

그렇게 들려왔다
어느 날 키를 낮추다가 구부리다가
몸통을 울리며, 우는 소린 아니고
울려왔다, 그냥 그렇게.

문

대문 방문 모두 열어놓고 자봐라
잠이 오느냐? 무엇이 움직이는 게 느껴지느냐?
뭐가 도망가는지 혹은 작아지며 몸부림치는지 부지깽이 들고 보초 서는지 시시각각
보이는 게 있느냐?
이 문 저 문 모두 닫아 봐라
안심하는 놈이 있느냐
닫혀서 갑갑하다느니 허전하다던
까탈스런 그 놈이 돌아왔느냐?
문 닫으니 마당이 한눈에 잡힐 거다
그 마당만큼이 네 목숨이다
달고 거는 문 숫자만큼
마당 줄어든다
마당을 걸어봐라 발밑을 봐라
그림자는 의지와 상관없이 늘고 줄고, 붙었다가 떨어지는데
그래도 네가 그림자의 주인이냐?
문 열어두면 남의 마당인
그 마당을 자기라고 믿고 디디며 살아온 놈,
이 누고?

회의 소집

먹은 것 없이 헛배 부르다는 내가 있고
하루가 너무 고단하다고 멀리서 하품하는 내가 있고
무료하게 앉아만 있는 내가
색이나 공에 골똘한 내가
잠자다가 자꾸만 선잠 깨어 시간을 더듬는 내가 있는데
그 각각의 내가 딴 사람인 듯
한참을 기다려도 조합이 되지 않는다
합체는 바라지 않아도 서로 모르는 사람들 같다
회의를 소집할까 부다
이기는 놈이 독식한다고 소문내면
멀리서 호박씨 까던 나까지 한달음에 달려와
원탁에서 서로 머리 맞대지 않으랴
모인 다음에야 문 걸어 잠그고 오지게 군불 땐다면
곰탕보다 더 질펀하게 진국으로 우려내면
한량이든 노름꾼이든 샌님이든 군자든
한 사람의 오롯한 목소리를 가질 수 있겠지
그런데 문 걸어 잠글 그 놈은 누군고?
안과 밖으로 나뉜 비극은 어찌하고?

환한 저녁

엘리베이터를 기다리며
서늘한 뒤통수를 돌아본다
아무도 없고
창틀에 기대어 풀벌레 소리,
연필을 깎고 있다
풀벌레, 종일 공부하느라
엘리베이터는 이 구멍 저 구멍 옮겨 막느라
가을 낮이 짧구나
번지도 모르면서 옮겨 다니느라
나는 어지러웠구나
가을볕에, 풀벌레의 깨알 눈은 멋지게 마르고
이승의 수 없이 밝은 깨알에

환한 저녁,
문제
없구나.

둥글게 둥글게, 손 잡고

—새해를 맞으며

우리, 둥글게 둥글게 손 잡고 춤을 추자
지난 날은 보내드리고 오는 날을 맞아보자
네가 팔을 펼치면 나도 내밀어, 허물을 안아들고
네, 한 발 높이 들면 나도 들어
세상과 소통하자
너도 나도 즐겁고 모두가 기쁘게
잃으려도 잃을 수 없고 얻으려도 이미 갖추어진
우리의 춤을 추어보자
네가 각시탈 쓰면 나는 양반탈
네, 선비탈 쓰면 나는 초랭이탈 쓰고
속 없거나 허풍떠는, 음전하고 경망되고 교활하되 솔직한 세상 춤을 추어 보자
둥글게 돌고 돌아
새 하늘을 지어 보자 새 땅을 일구자
자빠지거나 손 놓치는 사람 일으켜 세워주고
세상이 어려우면 함께 어렵게
잘난 이 못난 이 탈을 바꿔 쓰면서
서로를 어르고 달래면서
우리, 한 판 한 해를 멋지게 놀아보자

한 바퀴 손 놓고 굴러도 보고
누구는 태평무를 누구는 북춤 병신춤 살풀이춤을 추어보자
네가 진양조로 세상 구경하노라면
그는 자진모리로 세상을 구제하고
나는 휘모리로 들이쳐서
제 욕심만 넘치는 자의 뒷다리를 걸겠다
한 판 각개 춤 뒤에는 다시 손에 손을 잡고
이왕 갈 길 기왕 나 있는 길
욕심이 넘쳐 가라앉지 말고
갈 길 끝까지 가고서야 후회하는
신파조의 슬픔은 되지 말아야지
춤을 추자, 생긴 대로 소망 이루어
해가 되자 달이 되자
아름다운 지구가 되자.

2

그래도 고맙다

나만큼 늙어가는 하느님

하느님, 같이 늙어서 어느 날
함께 냇가에 앉아 물 바라기 한다면
아무리 들여다봐도 뵈는 것 없고
종일 뵈는 것 없어도 지루하지 않은
하느님, 그렇게 같이 늙는다면

둘 다 너무 늙어서
누가 하느님인지 서로 몰라볼
그때까지 산다면
그때까지 살아서 하느님,
행복과 불행도 서로 몰라본다면

구할 것 없으니
남길 것 없고
물 바라기 눈은 조약돌 되어
청맹과니 새 날이 밝아온다면

하느님,
나만큼 늙어가는 하느님
부활을 잊으신 하느님.

무주공산(無主空山)

망자를 산에 묻는 자, 망자를 그 산의 의미로 삼고
높으신 말을 따르는 자, 그 말을 묻은 경전에 자신을 묻는다
행위를 세우는 자, 규범으로 자신과 남을 얽는데
인심은 무엇에 목숨 거는 사람에게 상좌를 내어주니
저마다 장르를 만들어 주인으로 모신다
그러곤 시묘살이하는 삶이여
무엇은 떠받쳐져 영문 없이 갑(甲)이 되고
시묘살이의 비장함으로 을(乙)을 자처하는 무리들이
원래 빈 산을 두고 남의 산을 탓하며 끼리끼리 잔 부딪는,
잡담보다 못한
무주공산의 쨍과리 패여
그냥 살든 못하고 주인을 만들어 모시고
그 주인에 이름을 붙여야 직성 풀린다
광대탈에 익어 참 얼굴을 잊어버린
무주공산의
허수아비 놀이여.

슬픈 노동

나의 일이라고 다 내가 저지른 건 아니다
저지른 일이라고
다 내 책임도 아니다
시대가 변하여 책임지라는 여자 없듯
돌아서면 새로운 세상
교문에선 학생들이 다른 이야기 같은 모습으로
쏟아져 나온다
장마 사이의 열기 속에서 김빠진 맥주로
스파트필름 잎을 닦으며
늘어진 잎이 얼굴을 덮듯
다만, 마지막 숨이 낭만이면 좋겠다

베드로를 세 번 배반하도록 다그쳤던, 그러나 잊혀진 병사들처럼
저지른다고 기억되는 것은 아니다
버튼처럼 해 누르면
달 뜨는데,
정법도 당연하면 습관이 된다

세상의 틈으로 아지랑이 피어난다
그 많던 아지랑이, 생각은 어디 갔을까
생각한다고 모두 일어나지 않고
일어난다고 모두 책임질 일 아닌데
팔자로 흔들며 행진하는 아지랑이를 보면
똑바로 선다는 건 참말
슬픈 노동이다.

'외로우니까 사람' 이라고?

소위, '빈 자리' 는 허전함이 아니라
모든 것이다
허전함은 본 모습
참 나의 그림자다
이기심이 짓는 헛제삿밥
그게 외로움이다
빈 자리를 자세히 봐라
거기 외로움이 있느냐
거기에는 없는 것이 없다 외롭지 않은 외로움도 있다
밖도 안도 없고, 쌓으면 무겁고 허물면 가볍다
다투지 않고 가득한 곳
'외로우니까 사람' 이라고?
누가 외로운가 그 놈을 잡아 와 봐라
호박씨 백날 까봐라
사람은 사람을, 도깨비는 도깨비를 낳는다.

나

두 손 모으고 서 있으면
오월의 신부지요
한 손만 들면
버스 같습니다
두 손 다 들면
정처 없습니다

돌아서면
모르는 사람입니다
눈 감으면 집이요
뜨면 타향이지요
사진기를 들이대면
술래에게 들킬세라
움쩍 않습니다

만인 만 색의
누구일까요?

이런 하루

내가 울적했나보다

백주에 졸다가 지나는 구름의 목을 그레코로만 하듯 조르고 있다고 짐작했는데
양이 목 졸려 다 죽어가는 거야
피아노 건반만 밟고 다니던 양의 발바닥이
무법자의 석양처럼 충혈 되어 있었어
집 나가서 한참을 걸었지 땅이 물렁물렁해지더군
내 머리도 물렁물렁해지더니 만삭으로 불어올라 새로 내가 태어나데
태어난 내가 무서운 속도로 다시 나를 까는데
개구리 알같이 빽빽한 그 모양이 게걸스러워
발길을 돌렸지 돌아온 집은
알고 있던 집이 아닌 듯했어
어쩌겠어, 지상엔 이 집밖엔 집이 없어
그때까지 양은 죽지 않았데
숨이 무거워 놓지 못하더군
그 숨을 받아들고, "조만간 따라 죽을 테니 걱정 말고 잘 가거라"

눈을 감겨 주었지 마침 해가 꼴까닥
침 삼키듯 넘어가데.

저 불구덩이

보시게
그만 '나'를 내려놓아도
좋을 나이 아닌가?
언제까지 아기처럼 '나'를 업고 다닐 건가

산은 구름 업고 다니지만
구름, 길 떠날 줄 모르겠나? 산의 노파심이지

그놈 손에 숟가락이나 쥐여주고
그만 가세, 명대로 살라하게

저 하늘에 유황불을 보게
한 숨에 자네를 태워 없앨
불구덩일 보라구

몇 번이나 더
산 채로 굽히고 다시 태어날 텐가?

그만 내려놓게

자네 아니라도 걸어 먹일 인연 있으리니,
아니면
나가 죽어라 하소.

석양의 우마차

쩔어서 퇴근하는 저녁
눈높이의 석양을 바라보며 말을 몰 듯 차 모는데
덜컹이며 앞서가는 화물차
그 뒤칸에서 날아오는 가축의 분뇨 냄새
가축은 없이 빈 우리, 쇠창살만 덜컹이는데
말 그대로 가족인 가축을 어디에다 부리고 돌아가는 우마차냐
아무래도 나도 어디에다 스스로를 부리고 돌아가는 느낌
몸 속에 거름 냄새 사람 냄새 가득 풍기는데
정작 사람은 어디에다 부리고 돌아가고 있다
못 피우는 담배 물고 눈으로 화물차를 좇다 보니
아니다, 나는 스스로를 부리러
가는 길이다.

'누가 되지 않겠습니다'

라는 그의 문자 메시지가 뜨자
나는 느닷없이, 아프리카 초원을 질주하는 누 떼를 본다
세렝게티 초원을 질러 강을 건너 다시 초원을 달리는
누 떼의 힘을 본다
'고맙습니다'
라는 메시지에 힘입어 나도 달리는 누가 된다
풀섶에 숨은 사자도 물 속에 은신한 악어도 잊고
그냥 달린다
'좋은 날 되십시오'
라는 종구는 달음박질을 격려하며
삶을 끓게 하는데
세 마디의 문자는 마라 강과 초원과 작열하는 태양이 되어
나를 달리게 한다
메시지 말미에 낙관인 양
그는 이름을 남겼다
초원의 누 떼 중에서 나는
낙관이 찍힌 유일한 누다.

나는 너의

나는 너의 수입이다
너의 불로소득이다
네 마음 내키는 대로 지불하여도 사용정지 되지 않는,
마르지 않는 수입이다
나는 원래 고귀하였으나
사랑을 모르던 날의 자만이었고
너로 인해 나는 수입되고 지출될 수 있나니
덕분에 소화되고 거름 되리니

지불할 때만이라도
나를, 열심히 세어다오
침을 묻혀가며 내 몸을 넘겨다오
너, 울적한 날
기껏 유흥비로 낭비될지라도
나는 너의 수입이니
너로 인하여 지출되리니….

그래도 고맙다

스팸 편지함을 클릭하니
강**란 사람이 보낸
'반가워요 오늘 밤 모델 지망생과 여행 가요'란 제목이 보인다
빈 말이라도 고맙다
누가 나에게 밤여행을, 그것도 모델 지망생과 가자고 헛말이라도 하겠는가
어디로 어떻게 가자는 건지, 무슨 준비물을 그리 급하게 챙겨야 하는지
왜 밤에 여행을 가자는 건지,
궁금한 건 묻어버리는 게 에티켓인 양
편지를 열지 않고 삭제한다
매일 새 이름 새 제목으로 나의 희망을 부추겨 보는,
스팸도 잘만 쓰면 약 될 것 같아
번거로워도
고맙다.

눈 구경 한다

눈 구경 한다, 2층 사무실에서 보는 십 년 만의 폭설
창밖의 대형 주차장은 이미 눈밭이다
흰 말벌이 하얀 옹알이가 백발의 사랑이
만원의 눈밭을 비집고 제 자리를 찾는다
주차된 차들은 당나귀처럼 묵묵히
내리는 눈을 차곡차곡 지고 있다
나귀를 끌어야 할 주인들은 보이지 않고
까만 반코트에 발이 가벼운 젊은 여자가
자동차 바퀴가 낸 자국 따라 눈밭을 걸어간다
아담하니 단정한 뒤태가 언젠가 본 듯하다
불러도 들릴 수 없고 잡으려도 형편에 닿지 않을 감정인 양
간들간들 여자가 멀어진다
눈은 미련 없이 여자의 발자국마다 살뜰히 지워가며 쌓인다
제 자리에 틀림없는 눈이니
만사가 덮여도 상관없겠다
보지 못한 여자의 얼굴처럼 안 보여서 문제 될 것은
아무것도 없다는 눈발,
한 올 한 올
제자리에 떨어지는 숨.

갓바위 여래불

타오르는 소지처럼 오른다

쉬지 않고 불기운 떨치며, 밑만 보며 올라도 어디쯤인지 아는, 산나물이며 약초 파는 아줌마들 길섶에 다문다문 피었거나 졌거나, 오르내리는 노친네들의 오순도순 염불소리 길목에서서 멀쩡하게 혼잣말하는 중늙은이 불덩이 되어 오르니 부처님이 갈무리할 곳을 눈짓으로 가리킨다

풀무질로 부풀던 몸, 바람 빠지며 잦아든다

예불용 자리 위에 큰 덩치를 구기며 접어 넣으며 한 사내 일심 예불 중인데 노오란 발바닥이 불전의 감귤 같다

흐르고 부딪치고 맺히고 떨어지는, 보고 소리하고 들리고 염원하는, 경계가 허물어져 제 길 뚫어 찾아간다

불 꺼진 나는 속세의 부처님 그리워 잿덩이 무너지듯 내려빠진다.

대자대비의 글밭 되소서

—대구경북 현대불교문인협회지 창간에 부쳐

저기, 멀쩡하게 차려입고서
헐벗은 사람이 가네요
먹고 먹으면서 허기진 사람이 가고
쉬기만 하면서 피곤한 사람이 돌아오네요
누가 저들의 주림을 해결하나요

눈을 돌리면
잘 차려입은 줄 알고 알몸으로 춤추는 사람이 있고
온갖 물건 부리면서 자기를 못 부리는 사람이 있고
의욕 지상주의로 끝없는 곳간을 채우려는 이가 있고
누가 저들의 실상을 돌이킬 수 있나요

오늘, 지혜의 소식 들리니
길을 밝힐 필봉의 등불을 보나니
모르면서 앞서는 자는 이 소식 들으라
알면서 회의하는 자는 이 등불을 보라
여기 반야의 언덕에 밝은 길이 열리니
허장성세의 그림자는 지워지리라

원컨대,
사바의 허를 메워 실상의 문을 여는
글밭을 일구소서
대자대비의
꽃밭이 되소서.

죽음이 온다고?

죽음이 어디에 살길래 온다는 건가
죽음이 간다는 말이 없으니
그는 집이 없다
고로, 올 곳도 없다
죽음이 언제 올지 몰라서 찝찝하다고?
언제 잠들지 몰라서 언제 이사 갈지 몰라서
섭섭한 적 있었던가?
누구의 씨인지도 모를 삶은 모른 척 받아들면서
청하지도 않은 불한당 목숨을 괘씸은 커녕 그리도 아끼면서
숱한 초대장을 보내오는 죽음은 외면하는가
잘 봐라,
생떼 쓰며 엄마 치마 잡고 늘어지는 아이처럼
가다가 눈에 띄는 물건 사달라고 길바닥에 주저앉는 아이처럼
엄마 애가 타니 기분 좋으냐?
아등바등 엄마 속 끓이며 따라가 봐라
엄마 가는 곳이
네 갈 곳인데
가는 길에 한 번이라도 앞을 바로 보았느냐
엄마 얼굴이라도 제대로 보았느냐.

푼수

나이 들면
별 수 없으니 밥 먹는 거다
생각나는 건 많아도 꼭 해야 되는 건 아니니
지나는 사람 구경하는 거다
말해봤자 어긋나니
입 닫고 사는 거다
선풍기처럼 하던 일 돌아가지만
소명 없으니 신명도 없는 거다
그런 척 안 그런 척, 척척박사다
일하는 사람들 틈에 끼어
살아있는 체하는 거다
시계 보듯 흘끔흘끔 세상 보며
돌아가는 영사기 필름 끝나길 기다리는 거다
허리 펴고 다녀도
속 굽은 줄 아는 거다
세상과 맞짱 뜨듯 열심인 모습들을
열린 집 구경하듯 지나가며 보는 거다.

어느 날의 꿈

밥벌이 업이 같은 부류끼리 모인 자리였다
부류가 되면 서열이 있고
서열대로 앉아서 나는 은근한 경쟁의 칼로
묵직한 침묵이나 깎고 있었다
그것은, 투수나 그 공을 기다리는 타자가
둘 다 묵묵히 껌을 씹으며 한 자리를 녹여내는 모습 닮았다
그렇게 묵묵히 마음의 과도를 놀리는데 느닷없이
문지방으로 웬 중늙은이가 올라서더니
내 입으로
한 숟갈 가득 쌀밥을 밀어 넣었다
그러곤 노인은 안 보이는 꿈인데
이전에 그렇듯 오지게 밥 한술 받아먹은 기억이 없고
그것도 지루하고 멋없이 밥통 닦는 자리에서
한술 가득 먹고보니
잠을 깨고도
밥맛이 어땠던지, 느닷없던 노인의
거처까지 사뭇 궁금터라.

구멍론(論)

그 구멍이 그 구멍이다

빛이 빚는 그림자, 사람이 파는 구멍 집의 구멍 흔들리는 꽃잎
마음 닮은 구멍 신경 쓰이는 구멍 구멍도 관심 없는 구멍
쥐 잡은 고양이가 먹을 곳 찾아 숨듯
생각이 생각을 물고 숨어드는 구멍
빛과 그늘이 한통속인 구멍
좋아하는, 싫은 구멍 거기 빠져 죽고 싶은 구멍 살아서는 못 나오는 구멍
돌아갈 구멍, 돌아올
컴come, 컴come한 구멍
색 쓰는 구멍 물 나오는 바람 나오는 돈 나오는 동방삭이 사는 전세 월세 사글세 모두 받아주는 색즉시공의
부르는 대로 들어가는
잘 안 보이는 달콤한,
어두워지는 대로 불 켜지는
공즉시색의, 하느님이 보증하는
빛과 동격의 그림자.

팔공산 하느님

비닐봉지를 우산 대용으로
머리에 뒤집어쓴 하느님이 앞질러 내려간다
하느님도 놓친 폭우가 봉지를 친다
봉지 안에 과자처럼 눅눅한 하느님
과수원의 봉지 쓴 사과처럼
목 따이기를 기다리는 하느님
이어폰 끼고 가는 중학생같이
남의 소리 안 들리는 하느님
비구름 깊어, 오늘 밤엔 별 볼 일 없을 하느님
집이 걱정되어 비를 피할 여유가 없는 하느님
숨 막힐까 봐 코 쪽으로 비닐의 숨통은 열어놓은 하느님
남보다 먼저 아래로 임하려고 바쁘신 하느님
장화 대신 비닐봉지를 종아리까지 덧신은
발이 젖지 않는 하느님
물 위를 걷는
기적의 하느님.

3
누더기 하느님

기억 속의 하느님

어린 시절 아침밥 먹을 때면 기다린 듯
열린 대문 들어서던 하느님
의수에 미제 깡통 달고
밥을 빌던 하느님, 불쌍하기보다 무서웁던 하느님
그 시절엔 홍길동인 양 여 저기서 물건 훔치던 하느님
뺨 맞기도, 도망가고, 파출소에 끌려가던 하느님
러브하우스며 모텔 없던 시절이라
곳간 헛간 남의 집 풍문 속에 간음 하던 하느님
계주가 달아나서 떼인 돈에 목숨 걸던 하느님
복개 안 된 시궁창 옆에 인형인 듯
신생아의 주검으로 누워 있던 하느님
세월은 흘러 국민소득 엄청난데,
영생의 젖값인지 철 안 드는 하느님
세월 따라 온라인에 빠져 살고
틀니 대신 임플란트 치아로 더욱 젊어 보이는,
방금 모텔에서 씻고 나오는
저 하느님, 기억 속의 하느님.

예언

요즈음은 지나가는 개도 예언을 한다

마주치는 개의 눈을 진지하게 쳐다보라 섬광처럼 개의 눈은 당신을 지목하곤 무심한 듯 지나간다

일 때문에 찾아간 관공서 뒷뜰에 앉아 돌멩이를 제켜보라 돌멩이는 돌아앉으며 당신에게 설교한다

바람결에 구르는 휴짓조각도 애써 돌아보며 앞날을 예언한다

정말이지, 예언이 듣고 싶지 않다

한 치 앞이 어두워도 제자리에서 불 밝히는 세상에 살고 싶다

세상에는 존경할만한 사람 이전에 제자리를 지키는 사람이 필요한데 자리를 벗어난 예언만 개처럼 갔던 길을 다시 돌아오고 뒤집으면 입부터 달싹이는 돌멩이로 널려있고 옮겨 다닐 필요 없는 휴지마냥 옮겨 다닌다

예언이며 존경은 세상의 흐름을 가로막는다

생각해보라, 제자리서 자신의 불을 밝히면 모든 길이 환할 텐데 제자리 보다 세상의 길을 지목하려는 몽매한 계몽주의자를.

불온한 빨래

—헤어진 것들은 다시 만나야 하지 않으랴

나 죽으면, 명부에 다녀오는 동안
혹여 꽃 들고 찾아온 네가
나 없다고 그냥 갈지 걱정이라
나, 무덤 속 자리 지키마
영혼이 마려워도 눌러 참으며
흰 옷 다려 입고 고이 누워 두 손 모은
저 달님처럼
꼼짝 않고 누워있으마
빛나는 별 속에 안 보이는 돌처럼
보고픈 마음, 주검 안에 꽁꽁 박혀있으마
빨랫줄의 빨래는
종일 같은 자세에 지쳐 일탈을 꿈꾸지만
나는 일탈의 불온한 꿈을 누르며
자리 지킬 거다
하늘에는 빨리 올라오라고, 솟을 대문에 선연한 푸른 종소리
구름능선 몇 겹 포갠 스란치마 손바닥으로 눌러 잡으시며
어머니, 대문 앞에서 기다리신다
그래도 나, 기다리고 있으마 제 자리 몸살 앓는 빨래처럼
영혼이 마렵다가

졸아들어도
꽃 들고 찾아올
죽은 내 입에 재갈 물릴
너, 무작정 기다리마.

나의 하느님

사시사철 손에 쥔 불방망이를
잠시라도 내려놓을 곳
찾지 못해 허둥대는
하느님, 똥 마려워도
쌀 곳 어중간하여 허둥대는 강아지 닮은
하느님, 오늘처럼 내일도 전지전능하여야 하는
스트레스 탓에 변비를 달고 사는
하느님, 해결 못하는 문제는 모두
피조물의 잘못으로 떠넘기는
양심의 가책을 앓는
하느님, 자면서도 안 자는 척
눈 뜨고 자는
하느님, 뒤를 본 뒤 체면 탓에 안 본 척
남몰래 뒤를 재빨리 훔치는
하느님, 뜨거운 불방망이를 안 뜨거운 척
놓지 못하는
하느님, 서서 자는 분
믿음이 부족한
하느님.

꽃밭에서

물이, 물을 원하는 위로 줄달음쳐 올라가
뜨거운 포옹, 불이 붙었다
손을 넣어 조심스레 그 불을 쪼개보면
불은 아니 만져지고
헐떡이는 격정의 물만 느껴진다

꽃 속에는
꽃을 기념할만한 아무 것도 없다
사람 속에도 사람은 없고
관공서에는 관공서가 참외 속에는 참외 고양이 속에는
고양이가 없다

그러나 외쳐라, 외치는 그 곳으로 원하는 것들이 줄달음쳐
가리니
나를 외치는 곳에 내가 피어나고
너를 원하는 곳으로 너는 달린다
격정이 물을 안아 불 피우는데

그러나 불 속에는 불이,
꽃 속에는 꽃이 없다.

누더기 하느님

내가 경배하는 신은
간절히 부르면
감격으로 응답하는 신이 아니다
뜨거운 눈물을 쏟게 하거나
감사하도록 들쑤시는 신이 아니다
나의 신은 나보다 더 낮은 자리에 있다
너무 낮아서
오히려 내가 신의 경배를 받을 위치에 있다
나의 신은 누더기를 걸치고 있다
나의 신은 잔바람에도 잦아드는 촛불 닮았다
꺼져도 다시 켜질 기약 없는
아무런 약속도 남기지 않는
나의 하느님.

겨울 삽화

눈 나리는 이슥한 밤
소등하고 누워, 그대여 안녕
아마 흰 머리카락 날리며, 살아있을
그대여 안녕
어두운 방, 유리창을 마주하고 누우니
그대 달리던 모습
오십 년 전 산천과 함께 찰랑이던 머릿결
흰 눈 되어
소등한 창 밖에 나풀나풀 나린다
헛간의 빗장처럼 두 손 가슴에 걸고
그대여 안녕, 열 두어 살 기억 속의 소녀를
'그대' 말고 무어라 부를 건가
철부지 이후 못 만나지만
추억은 약속 아니랴
아쉬움은 없나니
내리는 흰 눈
어두운 유리창 너머 보고 있자니
그것으로 모두
이루어진 게 아니랴.

원인무효

성경을 읽다가, 너 거기 있느냐는 구절에 감복하던 때가 있었다

내가 일찍 올 것이라는 반복되는 약속에 감읍하던 때가 있었다

지금도 선하다 스무 살의 창호지에 배어들던 햇살 속에서 감격하여 울먹이던 방 안 풍경이

마당에는 너무 희기에 거짓말 같은 목련이 피어 있었다

그러나 쉽게 울먹이던 그 풍경은 거짓이었다

성경 속의 호명에, 거기 있느냐는 확인에 안도하던 오리라는 약속에 전율하던 지난날의 외로움은 이기심이 빚은 허상이었다

내가 없던 셈이니 맞을 임도 약속도 애당초 원인무효였다

원인무효로 비어버린 과거사를 바라보나니…, 찬란하였던 헛바람, 진지한 만용을 돌아보나니….

주식 하시는 하느님

객장에는
마음으로 하느님 찾는 소리 뜨거운지라
증권사 전광판에
번쩍번쩍 숫자로 나토시는 하느님
다행히 어린이 없는 손님들 앞에서
눈을 떼지 못할 만큼
스트립쇼에 열중이신 하느님
맨몸, 붉고 푸르게 타오르며
온갖 포즈로 숫자를 만드시는 하느님
오후 세 시면 비 맞은 빨래처럼 지쳐
백주에 소등하고 주무시는 하느님
공즉시색 스트립쇼에 필이 꽂혀
사람들이 자리하면 스스로 옷을 벗는
번쩍번쩍 하느님.

국화 앞에서

임이여, 다시 오신 임이여
당신 앞에 앉아서 문 열리기를 기다리던
시인은 가고
이젠 마냥 기다릴 사람 없으니
때 되면 알아서 피어나소
오신 듯 가시는 듯 조용히 다녀가소
모양 그만 갖추고
천둥 번개 앞서주길 고대 마시고
아무 때 아무 데나 잡초처럼 피어나소
수천 년 목숨이 아직도 쳇바퀴요?
여태, 설레게 할 가슴이 필요하오?
내키는 대로 젖을 찾는 아기처럼
되는 대로 피어보소
노상 예쁘게만 피진 마시고.

하느님께 똥침

윗전에서 내려다보면 아랫사람 머리가 먼저 보이고 아랫전 짱구 돌리는 소리 잔머리 굴리는 소리 훤히 보인다

아래에서 치켜보면 윗전의 똥구멍이 잘 보인다 어흠, 젠체하는 윗전이 스스로는 볼 수 없는
그 분의 똥구멍이 기막히게 잘 보인다
윗전에 똥침도 놓을 수 있다 언덕에 염소 똥 닮은 윗전들의 똥구멍을 좇다보면
하느님의 똥구멍도 똥침 가능 거리다

아랫전들의 잔머리 소리 폭포수처럼 요란한
하느님의 정원에서
폭포수 소리 벗 삼아 낮잠 든 하느님께 똥침을
차마 하지 못 하는 건
그 분을 사랑해서가 아니요, 아직은
내 손이 잔머리에 갇혀있기 때문이다.

마누라의 맹세

마누라, 나이 오십 넘으면서 배 둘레 살이 일어났다
아닌 건 아닌 확고한 성정임에도 남편 좋아하는 건 반대 않고 지켜주던
마누라는 맹세하듯
남편 싫다는 뱃살을 빼겠다고 호언했지만
그게 쉬운가
나이가 던지는 잔돌 맞던 남편은, 이젠 건강이 우선이라고 그 약속을 풀었다
어느 날 산행 후 목간에서 나오니
먼저 나와 기다리는 마누라의 뒤태에서 허리가 없다
젊은 날 남편이 표시 안내고 좋아해온 허리의 실종
남편 나이 사십 되던 해에 두 살 아래 마누라더러 '사십 따라오지 마라'고
일렀건만 곧 따라왔고
이제 육십 가까운 마누라, 맹세로 어찌 세월을 다스릴까
마누라의 배둘레햄은 남편의 허영이요 망상인가
지난 날 마누라의 약속들, 그 마음을 고이 안고 가는데
이 역시 허영이며 신기루런가
미련이자 삶의 핑계일런가.

심심한 식탁

어느 날 식사 중에 뜬금없이
식탁이 연못으로 변하고
밥그릇이며 반찬 접시가 나 잡아봐라,
약 올리듯 이리 기우뚱 저리 기우뚱 가라앉는다면
놀라 기절초풍할 것인가 지루하던 김에 깔깔, 박장대소할 것인가
마누라마저 새로 산 국그릇이 아까워 풍덩 뛰어든다면
제법 큰 덩치라, 방패연처럼 멈칫멈칫 가라앉는 마누라 따라
서슴없이 뛰어 들 것인가
청이를 보내는 심봉사처럼
어쩌나 저쩌나만 외고 있을 것인가
그도 저도 아니면 부부가 발만 동동 구르는데
연못을 가르며 영감님이 나타나
은그릇 금접시 까지 왕창 안겨줄 건가,

어느 날 식탁이 연못으로 변하면.

말 안 되는 소리

는 하지 않으려고
애 쓰다 보니 애를 낳았네
애 키우느라 말 되는 소리는 더욱 어렵고
이제 말 될 생각도
암말에 숫말 꼬이듯 말 부를 말도
그만 두고
말 안 되는 소리, 아기 옹알이 닮은,
대화가 될 수 없고 이해가 필요 없는
구름이 비 되는 소리
어머니 옷 스치던 소리
여름 낮 장독대에 파리 끓던 소리
시험 날 문제지 위에 연필 긁던 소리
미처 소리가 되지 못한 몸속의 딸꾹질 소리
아버지 하관시 흙 떨어지던 소리
꽃 피는 소리, 소리라고 고집하지
않는 소리는 남고
주장하는 소리,
허겁지겁 자기 물꼬 먼저 트는 소리
머리에 맺히는 말의 씨앗

습관처럼 무얼 앗고 그걸 되갚는 마음
그런 말 되는 소릴랑
한 곳으로 꼬이게 할
꼬이는 대로 곰삭아 꼭지 떨어질
뭐, 그런 방법이 있다하네요.

수의(壽衣)·상

주문했던 수의가 훌륭하게 나왔다고
손위 시누이로부터 올케에게 전화가 왔다
시누이가 뭐라는지
"극락 가서 서로 예쁜 옷 입고 만납시다" 하고
"거기서 이쁜 짓 하자"는 둥
"이승에선 못생겼으나 거기선 예쁘자"고
미추도 맘대로 할 요량이다
수의 지은 분, 소개한 분과 밥 한 끼 먹겠다는 시누이에게
그 밥값 대겠다는 올케
밥값은 되었고 남편 덕인 줄만 알면 된다는 시누이
주고받는 대화가 배삼룡 구봉서의 만담처럼 찰떡 같은데
천주교와 불교로 서로 다른 정거장은
관심 밖이다
어느 정거장이든
나는 모두 만나게 되어있다
날마다 집으로 돌아오는 게 평생 나의 특기였으니
어딘들 잘 돌아가지 않으랴
잘 지은 수의 입고 이쁜 짓 하러.

수의(壽衣)·하

수의를 찾아서 돌아오는 길,
앞에 가는 오토바이가 외로워 보인다
운전자의 헬멧, 둥근 두상에 현웅 스님 떠올린다
잿빛 장삼이 바람을 일으키고
햇살이 헬멧에 따갑게 내리 쪼인다
바람 숭숭 모시옷에 걸림이야 있으랴만
연한 황금빛 모시에
죽음은 온전히 걸려들런지
죽을 날이 아득한 건
구멍 숭숭 삶이 빚는 착각일런가
수의를 받은 걸로 죽음은 증명되나
목숨은 소금 맞은 미꾸라지 제 자리를 못 찾는다
오토바이 운전자는 돌아보지 않는다
반짝반짝 헬멧이 멀어지는데
구멍 숭숭 목숨이 의연하구나
수의는 보자기 안에서 뒤척이는데
한 세상의 출구가 참
여러 곳이다.

전집 읽기

계몽사, 우리 시대의 문학 전집을 몇 년 째 읽는 중이다

한국과 세계로 나누어진 전집을 일하는 짬짬이, 무료하면 파한집 삼은 지 몇 년 되는데

익숙한 내용을 다시 읽다보면 전집 속의 내용들이 빠져나와 나의 삶을 조립하고 돌아가는 듯하다

전집이 나를 읽기도 한다

내가 해석 당하고 조립되는 게 싫어서 가끔 스스로를 흔들어 활자를 털어낸다

그것이 요즈음 나의 시다.

방귀쟁이 하느님

하느님, 수많은 벽에 당신 얼굴 거느라
남은 얼굴 없기에
불러도 존안을 보여줄 수 없는 하느님
날아다니고 공간이동 하시느라
다리가 약해지신 하느님
기도해도
옆에 설 수 없는 부실하체 하느님
그나마 당신의 묵은 체취를 두고
사실이다 착각이다 다투게 하는
달걀귀신 하느님
당신을 바싹 뒤 쫓느라
당신의 엄청난 엉덩이에 가려
눈뜨고도 당신을 못 보는 사람들을
인도하시는,
도리 없이 당신의 부실한 뒷간 냄새
맡게 하는 하느님
방귀쟁이 하느님.

피차일반

연휴 전날, 퇴근을 앞두고 사무실 뒷문이 잘 잠겼는지 확인하는데 통로도 없는 사무실 뒤쪽 자투리땅에 가을이 깊었다

어, 이런 곳도 가을이네 감회가 인다

심어진 이후 한 번도 쓸어내지 않은 낙엽이며 솔잎 버려진 스티로폼 유리조각이 몇 년째 그 자리서 가을맞이다

나름대로 하루하루 챙기며 살아가던 소나무며 모과들이 문밖으로 머리를 내민 내 쪽으로 쏠리더니 어, 문틈에도 가을이 끼어 있네, 감회에 젖는다.

4

칼과 못

가을 저녁

손바닥으로 제 맨가슴을 쳐대며 붉게 물드는
노을이 불손하다
산이 산을 낳고, 어둠으로 달아나면서도 산을 낳는
산맥이 불길하다
일으켜 세워도 주저앉으며
더욱 깊어지는 못,
뜻도 없는 열 손가락이
하늘로부터 길게 길게 내려와
길을 막는다

금혼식 마친 부부가 서로의 가슴에
못을 박는다.

꽃
—김춘수의 「꽃」을 거부하며

누가 나를 불러다오
나는 그에게 다가가
그의 치욕이 되고 싶다
불러다오, 나는
건포도처럼 말라비틀어진 그의 자존심이 되고 싶다
고통 속에서 아이가 태어나고
혼돈 속에서 몸 비틀며 꽃은 피나니,
나는 너의 잔치가 아니라
치욕이고 싶다
오늘도 당신의 권리이자 의무인
저녁밥이 기다린다
숟갈을 뜰 때마다 그대의 별에서
누가 삽으로 별을 한 술 한 술 퍼낸다
불러다오, 의미를 지워줄
그림자가 되고 싶다
아, 불러다오, 그대의 따귀에 번쩍 불을 일으킬,
나는 그대의
죄가 되고 싶다.

나의 배고픔은

나의 배고픔은 근엄한 감옥에 갇혀있다
죄 없는 달빛은 텅, 텅, 감옥을 울리는데
감옥을 갑옷으로 두른 나의 근엄함은
배고프다, 춥다
나의 뿌리는 씨레기국과 멀건 돼지국밥 원조용 옥수수빵이다
뿌리는 세월을 누려 두터운 열매를 맺었는데
수상한 배고픔에 오염된 열매는
씨앗의 감옥이 되었다
쓰러질 때까지 팽이는 돌아야하고
돌아야 사는데
살이 오른 채찍으로 팽이를 다그쳐도
아프지 않기에 더욱 슬프다
팽이 안의 가난한 임,
이제 어떤 이자도 감당할 수 있는 뿌리는
근엄한 감옥을 나이테로 두르고
춥다

달은 텅 텅 비어서 울리건만
감옥에는
스스로 유폐된 죄수가 있다.

누구라도

항아리를 안고 산다
깨질까 부딪칠까 조심
조심, 홀로일 제

항아리에
고요히 눈물 보탠다
내려놓지도 업어 키울 수도 없는
애물단지
그러나 마지막 날
목마름을 덮어줄
젖줄

옷 입으면
항아리 안은 탓에 옷태가 아니 나고
항아리에 비치는 표정
쑥스러운데
슬프지 않은 척 밥숟갈을 움직이는
짐승이 있다.

대책 없는 하느님

우스개를 나누다 헤어지면
그제야 웃는
형광등 하느님
말수가 적어서 그 생각을 알 수 없고
자기만의 생각에
자주, 발이 걸려 자빠진다
탈곡 중 튕겨 멍석 밖으로 달아나는 낟알에게
생색내며 자기 덕이라는 하느님
물살타고 가다가
고이면
그 자리서 마른다
TV보며 웃다가
볼거리 끝나면 시무룩 잠이 든다
풀밭에 가면 풀옷 걸쳐보다가
파랗게 옷 버린다
연지 바르면 곤지마저 바르고
붉게 물드는
대책 없는 하느님.

변신

집에 들려는데
들어오지 말라고 집이 소리쳤다
나의 대변인이요 입이었던 대문이 활짝 젖혀지며
쌍욕이 부글부글 끓어올랐다
대문 빗장이
들어서는 나의 등짝을 방게 뚜껑처럼 뜯어 올렸다
뚜껑 내부가 혼숙으로 어지러웠다
안된다고, 방게는 방에 들 수 없다고
집이 소리치며
대문 밖으로 나를,
늘 쓰던 나의 숟가락이며 밥그릇까지 내동댕이쳤다
대문이 쌍욕으로 끓어 넘쳤다.

별

별은 늘 생생하므로
오히려 생뚱맞다 눈만 초롱초롱한 노파 같다 죽여도 같은 모습으로 그 자리에 나타나는 바퀴벌레 같다
호박씨 까는 정치인 같다 그런 정치인을 진심으로 존경하는 비서관 같다 그 비서관의 천사 닮은 아이 같다 아이가 차고 있는 일회용 보송보송 기저귀 같다 사시나무 떨 듯 물 속 발 놀리면서 기품 있게 머리 쳐든 백조 같다 백조를 흉내 내는 무용수의 임대형 아파트 같다

별은 늘 멀쩡하므로
늙지 않는 독재자 같다 마를 날 없는 식욕 장보러 나온 돈 다 먹고도 지치지 않는 시장터 같다
아래 작업 중에도 표정이 변하지 않는 여자 같다 그 여자의 본 적 없는 눈물 같다

별은 늘 앞서가므로
화장실 갈 시간이 없는 변비환자 같다
성형수술 후유증으로 눈 못 감는 여자 같다
젖꼭지 말고는 모두 보여주는 일편단심 콜걸 같다

살갑게 우러르며 추리하고 예찬한들 제 알 바 아니란 듯 묵묵히 앞서가는
우리나라 역사 같다 일본사 로마사 같다 우리네 유년사 같다
아, 아래에서 치어다보면 뻔히 똥구멍이 보이는 데도 제 구린내 모르고
품위를 자랑하는 누구 닮았다.

청춘의 덫

인과응보를 비웃던 젊은 나이에
혈기로 건넜던 청춘의 다리여
청춘은 여자의 스커트처럼 짧았기에
저질렀던 잘못에 작별 고하지 못한 채
가파른 세월 건너 헤어졌었네
돌아가지 못할 다리란 걸 알고나 있었으리

그러나 다리 아래 흘러간 물은 기억하고 있네
지나간 물은 나의 잘못을 잊지 않고 있네
내가 부추겨만 놓은 채 버렸던 물은
오염된 물이 되어 다시 돌아와
어느 날 내 눈 앞에 누워있다네
야합하였던 물은, 새삼스런 밤 화장을 하고서
제 서방인 듯 내 옆에 찾아 와 누워있다네
그 물을 마셔 배부른 달이 증인이듯 지켜보고,

물은 청춘의 무모함을 용서하지 않네
먼 옛날 헤어진 다리 아래에서
물은 나를 닮은 아이를 낳았다네

아, 젊음은 짧았으나
흘러간 물은 두고두고
무모함을 기억하네.

이 짐승을 어찌 할꼬

버리기엔 제 앞가림 못할 만큼 순진하고
데리고 살기에는 불편하여 앞날이 막막한
홀로 두면 변기에 앉아 눈물 머금고
화재 비상벨 울릴까봐 화장실 문 열고서
불장난 한다
길 나서면 눈에, 앉으면 생각에 자신을 팔아넘기는
욕심으로 한 번씩 몸을 떠는
어찌 할꼬, 데리고 살기엔 버겁고 버리자니 불쌍한,
의탁할 곳 없는데 함께 갈 수도 없는
부모 없는 이 짐승을 어이 할꼬
철들기 전에 길 잃은
나이 들기 전에 늙어버린.

칼과 못

부엌칼 옆에 웬 못이 있다
당근이며 배추 파 오이 햄이며 생선까지
부엌칼은 닥치는 대로 베고 썰며
조금씩 다른 느낌들을 응시한다
그런데 뜬금없는 못은
부엌칼 옆에 누워서도 한 번에 박힐
그 곳만 골똘하다
못통으로 돌아갈지 쓰레기통으로 사라질지
그런 건 남의 일, 한 생각만 살아있다
응시가 우선이냐 집중이 먼저냐
칼의 유용이냐 못의 쓰임이냐

응시가 응시인 줄 모르고 집중이 집중 잊고 집중하는 자리
질문과 답이 펄펄 살아 한 몸인 자리
무패의 방패와 필승의 창이
한 바퀴 굴러
서로를 알아보는
그 곳 그 시간
못의 고향, 칼의 자리.

묘사(墓祀)

산길은 낮술로
불콰하니 굽어 돈다
이 길, 술 잘 먹는다
갈지자로 틀고 굽는
저 취기
부슬부슬 비 뿌려
산 가랑이 젖는다
젖어 앙상한 무덤 드러나는 뼈대

굽은 창자 속을 따라 굽는 술처럼
길은 주섬주섬
앞장서서 잘도 간다
길 따라 우쭐우쭐 들먹이며 올라가는
제수(祭需) 같은 나를
만사 핑계 이놈을
다짜고짜 끌어내어 묻어버려라
산의 앙상한 뼈에
새 뼈를 보태라.

어, 황혼

종일 웅크렸다 집 나온 나에게
황혼이 대뜸 묻는다
"어쩔 건대?"
수십 년간 예고편만 찍어온 나에게
추억이며 위로, 사랑이며 돈벌이
저질러온 테마들을 어쩔 건대? 피통 터지는 황혼
억장이 무너지는 확, 싸질러버리는
붉다
무섭다 억울타 할 말 있다 유구무언이다
황혼이 메가폰 들고 화통처럼 싸지르며 불러내는 테마들
불려나오면서 메가폰에 대가리 처박는 이놈들, 사랑 돈 욕망 후회
저들도 할 말 있다 그러나
황혼의 피통에 함께 확 싸질러지며
미안하다 그래도 배반하진 않았다

화염, 페이드아웃으로 어두워진다.

독백

나이가 들었는지, 부지불식 혼잣말이 나온다
'비라도 내려서 무겁게 하지'
'쓸만한 건 모두 건져간 게지'
'귀신들린 생각아 언제 죽을래'
도로에는 단음절의 차들이 달려가고
가로수가 중얼중얼 잎이 나고 풀들이 소곤소곤
채팅 문자처럼 사람들이 돋아있다
나이 들수록 생각이 감춰지지 않고
드러난다고 소통되지 않는다
수족관의 물고기는 종일토록 거품 물며 중얼대지만
그 뜻에는 하느님조차 관심이 없다
나이 들수록 가벼워지나니
조만간 나의 겨드랑이에도 이상의 날개가 돋으려나 보다
비라도 내려서 무겁게 하지.

알라딘의 벽

한잔 걸친 늦은 밤, 아파트 담벼락에 기대어
취한 벽을 문지르면
손에 땀 배듯 벽에서 스며 나온 거인은
무엇을 원하느냐 묻는다
램프의 거인과 달리 립 서비스가 능력의 전부인
벽 속의 거인아, 향기 나는 빛나는
그러나 꾸며 짓는 미소로
말 걸지 마라
수십 년 내 소망을 외우기도 하련만
무얼 다시 묻느냐
이젠 원하던 것도 부질없다
다만 酒精처럼 명징한 이마를
벽에 대고 열려라 참깨
열려라 참깨!
요술과 마술은 바라지 않나니,
시절이 익었다
독사와 굴러 떨어질 바위가 들어 있을지라도
바뀌치길 기다리는 또 다른 내가 들어있을지리도
열려라 참깨! 열려라 벽!

허수아비

다정하게는 말고
밉지 않을 만큼 웃을라요

막대에 고정된 나의 키처럼
넘치지는 않게
외롭지 않을 만큼 바람에 갸웃거릴 테요

오래 머물진 않을라요
흔들흔들 지나치는
사람이 무서워
아쉽지 않을 만치 버티다가 갈라요

허허실실 언중유골의
스스로도 무섭소

텅 빈 몸통
피리나 불라요
다른 아비들 울리지 않을 만큼
소리하다 갈라요

울보 하느님

세상의 모든 짐 들고 내 앞에 가시다가
맥이 풀리는 하느님
두 손 가득 만인이 일용할 양식 들어
얼굴에 붙는 파리를 쫓지 못해
얼굴 구기시는 하느님
엄청난 짐이 무거워 주저앉으며
앞서 가라고 손짓하는 하느님
세상의 병을 떠맡아
부어오른 몸피로
서서는 자신의 하반신을 볼 수 없는 하느님
오줌 눌 때 고추가 잘 안 보이는,
오줌에 발 젖어 몸을 떠는 하느님
단벌에 파출부도 없이 일에 쫓기는 하느님
사람들에게 짐 들어달라고 부탁하기 미안해서
지나가라고 손짓하는
하느님, 눈물의 왕.

후기
—본말의 전도

시를 짓는 방향성이나 시 감상의 호불호는 정서적 취향은 물론 카르마적인 내재성이 그 근본인 듯하다.

시를 포함한 모든 표현의 바탕은 외로움 불안 불만 욕망에서 출발하기 십상이지만 비슷한 출발점을 가졌다고 해서 누구나 투쟁적이거나 허무나 박애, 구도에 일방적으로 함께하는 것은 아니다.

오히려 비슷한 동기에서 발현하여서 서로 다른 쪽을 보거나 전혀 다른 환경에서 시작하여 비슷한 쪽으로 시선을 두기도하는 것이 세상의 흐름이다.

그러나 어떤 방향을 지향하든 모든 성인은 예술표현의 출발점일 수 있는 외로움이나 외부적인 사랑 불안 욕망 등을 두고 한결같이 '그런 것은 없다'고 말씀하신다.

그렇다면 애초에 '없는 것'에 매달려서 한탄하고 구하고 원망함으로써 피곤한 삶을 더욱 헤어나기 어려운 구렁으로 만드는 것은 아닐까.

자유와 행복이 목적이라면 우리는 구할 수 없는 곳에서 행복과 평화를 구하는 것은 아닌가.

불평과 불만을 삶의 방해자라기보다 당연한 동력으로 오인하고 있지는 않은가.

삶의 동반자들에게 위로와 위안이 되기보다는 자기를 부풀림으로써 자타를 기망하고 있지는 않은가.

재미와 재주에 눈이 팔려 즐기고 놓아버려야 할 재료에 탐닉함으로써 참나 로의 여정이 늦추어지고 있지는 않은가.

> '외부를 바라보는 자는 꿈을 꾸고, 내면을 바라보는 자는 깨어난다.' —칼 융

내면은, 잡다한 푸념과 관심 감각 너머에 있다.

푸념과 관심 감각은 내면이 아니라 또 하나의 외부이다.

우리는 구할 수 없는 곳에서 구하는 것은 아닌가.

재능을 자신의 것으로 오해하거나 자신의 삶이 진리인 양 자만심이 가득한 전문가에게 속고 매너리즘과 소속감, 칭찬과 박수에 묻혀 스스로 주저앉는 것은 아닌가.

시는 삶의 방법이자 위안이지 구원이 될 수 없다.

회자되는 말을 빌려 표현하자면, 예술은 달을 가리키는 손가락이며 강을 건너면 지고갈 수 없는 배와 같다.

구원은 삶의 배면, 이미지나 사고의 궤적 너머, 생각 이전에 '이미' 있다고 성현들은 말씀 하신다.

물론 표현을 통한 다양성과 재미, 지적 유희, 감성적인 위로를 주고받음으로써 삶은 풍요해진다.

그러나 자부심이나 신념을 진리로 착각하거나 유희에 집착하면, 자타를 해치고 진정한 행복은 요원하여진다. 오히려 자랑거리가 되어버린 불행과 불만을 훈장처럼 모시게 된다.

내용 비틀기나 한 맥락을 다른 맥락 속에 옮겨심기와 같은 왜곡이 지나치면 언뜻 진실의 새로운 면을 발견하거나 '낯설게 하기'의 묘미 같지만 지나치면 생각의 유희, 필요악을 넘어 우리가 바라는 자유의 발목을 잡는 장애가 된다. 버려야할 짐을 더욱 모으는 꼴이 되며 진실을 가리는 생각의 구름만 짙어진다.

세속적 종교와 종교적 진실의 차이를 알아차리기 어려운 만큼 문학의 진정성과 현학을 구분하는 것도 어렵다.

그러나 권위와 두려움에 속지 않는다면 그림자가 빛을 가릴 수 없는 것처럼 진리와 평화 행복은 우리의 것이라고 성인들은 말씀 하신다.

삶의 위안 삶의 수단을 구원인 양 호도하지 말아야 한다.

이미 모든 것이 주어진 해변의 몽돌밭에서 돌 하나를 줍고 있는 스스로를 돌이켜야 한다.

사고와 감정, 수단과 표현에 매몰되면 진리의 단면을 본 듯한 자신감이 집착과 망상으로 변질되고, 심지어 외부로 투사하여 선의가 선동이 되어 자유와 행복이라는 본래의 목적을 덮어버린다.

본말이 전도되지 않도록,

꿈을 꾸기 이전에 깨어있어야 하지 않겠는가.

| 해설 |

그가, 오랜 골목에 돌아오다

그가, 오랜 골목에 돌아오다

김상환

(시인)

말 아닌 말

문학의 두 가지 차원은 결국 말과 삶이다. 문학 가운데서도 시는 최소한의 말에 최대한의 삶을 담아내는 것이 관건이다. 미당 서정주의 시 「문둥이」("해와 하늘빛이 문둥이는 서러워/ 보리밭에 달 뜨면 애기 하나 먹고/ 꽃처럼 붉은 울음을 밤새 울었다")에는 그런 말과 삶의 차원이 깊이 개입되어 있다. 울음이 울림으로 화하는 순간이다. 고통을 구체화하는 과정이 삶이라면, "모든 사물은 목숨의 표현이며 그 뜻"(김세웅, 「詩를 위한 산문」)이다. 목숨이 숨을 쉬며 살아있는 힘이라면, 살아있다는 말은 곧 행한다는 뜻이다. 삶은 행위(karma)를 떠나서는 생각할 수 없는, 행위 그 자체다. 그 행함 속에서 우리는 무수한 과오를 범하기도 하고, 더러는 깨달음이나 깨침을 얻기도 한다. 따지고보면, 무엇이 진실이고 허위인지 어떤 것이 현실이고 환영인지 분간하기 어려운 게 사실이다. 시와 예술은 일종의 환각(幻覺)이며, 환영이라는 진실을 이해하고 증득(證得)하는 도구 존재에 다름아니다. "나는 내가 사라진 '나'이며, 나의 분별심이 만든 환(幻)이다. 카르마(karma, 業)의 원인이자 결과다."(정진배, 「'나'는 사유한다— 그 '나'는 누구인가」). 세기의 화가 달리의 그림 〈창가에 서 있는 소녀〉(1925년)와 〈기억의 지속〉(1931년)에는 건널 수 없는 하나의 심연이 가로놓여 있다. 전자가 아름답고 서정적인 구도와 색채로 푸른 바다와 하늘의 소녀를 그리고 있다면, 후자는 극히 비현실적인 관념과 추상의 면모를 드러내고 있다. 녹아내린(melting) 사물과 시간의 형상이 그것이다. 운명처럼 죽은 형의 이름을 가진 살바도르 달리의 편집증과 우울증, 불안정한 심리 상태를 반영이라도 한 걸까. 그러나 두 작품 모두 의식과 무의식, 물과 불의 이미지를 환기한다. 김세웅의 새시집 『환한 약속』에는 이전 시집과는 크게 구획되어지는 지점이 있다. 그것은 시와 삶을 바라보는 태도와 방법이다. 그가 생각하는 삶은 "걷고만 있어도/ 길 위에 장문의 편지를 쓰고 있"는 것처럼, 방바닥에 "누워만 있어도", "누워 비비적거리기만 하여도"(「삶」) 이미 시를 쓰고 있는 것처럼 함의가 깊다. 삶은 내재적이며, 〈내재성의 쁠랑(plan)〉(질 들뢰즈)이다. 삶의 길은, 도(道)는 눈에 보이는 것만이 모두가 아니다. 그가 생각하는 시는 "삶의 방법이자 위안"이며, "달을 가리키는 손가락"(시집 「후기」)이다. 터무니 없는 말이자 말도 안 되는 소리다. 다음 시를 보자.

> 는 하지 않으려고
> 애 쓰다 보니, 애를 낳았네
> 애 키우느라, 말 되는 소리는 더욱 어렵고

이제 말 될 생각도
암말에 숫말 꼬이듯 말 부를 말도
그만 두고
말 안 되는 소리, 아기 옹알이 닮은,
대화가 될 수 없고 이해가 필요 없는
구름이 비 되는 소리, 어머니 옷 스치던 소리
여름 낮 장독대에 파리 끓던 소리
시험 날 문제지 위에 연필 긁던 소리
미처 소리가 되지 못한 몸속의 딸꾹질 소리
아버지 하관시 흙 떨어지던 소리
꽃 피는 소리, 소리라고 고집하지
않는 소리는 남고
주장하는 소리,
허겁지겁 자기 물꼬 먼저 트는 소리
머리에 맺히는 말의 씨앗
습관처럼 무얼 앗고 그걸 되갚는 마음
그런 말 되는 소릴랑
한 곳으로 꼬이게 할
꼬이는 대로 곰삭아 꼭지 떨어질
뭐, 그런 방법이 있다하네요.

—「말 안 되는 소리」 전문

애(씀)—애(기), 말〔言〕—말〔馬〕에서 보듯이, 시는 기본적으로 말뜻과 말소리로 이루어져 있다. 시 읽기의 어려움은 말의 뜻이 단

선적이지 않다는 것, 자모의 음운 구분이 명료하지 않다는데 있다. "아기 옹알이" 같은 말도 안되는 소리가 그렇다. 유아를 나타내는 'infant'이란 말은 라틴어로 '말할(fans) 수 없다(in)'는 뜻이며, 유(幼)의 변(邊)인 '요'는 갓 태어난 아이로서 어둡고 그윽하다는 의미를 지닌다. 요묘(幼妙)함은 오묘(奧妙)함이다. 시는 갓난아이처럼 부드럽고 연약하나 존재의 깊이를 다 헤아릴 수 없다. 뿐 아니라, "구름이 비 되는 소리, 어머니 옷 스치던 소리, 여름 낮 장독대에 파리 끓던 소리, 미처 소리가 되지 못한 몸속의 딸꾹질 소리, 아버지 하관시 흙 떨어지던 소리, 꽃 피는 소리"가 그렇다. 침묵의 소리와 음향은 상상과 현실을 잇는 가교와 같은 것. "아버지 하관시 흙 떨어지던 소리"의 경우, 동음이의어인 '소리(蘇利)'는 극락이나 해탈과 같은 어떤 이상향과 피안에 이르는 길이기도 하다. 시의 깊이와 비밀은 분리라는 이음(fügung), 즉 말이 되는 소리와 말이 안되는 소리가 탯줄처럼 꼬여 스스로 아물고 떨어지는, 곰삭은 언어에 있다. 김세웅의 언어와 의식은 「국화 앞에서」("임이여, 다시 오신 임이여/ 당신 앞에 앉아서 문 열리기를 기다리던/ 시인은 가고/ 이젠 마냥 기다릴 사람 없으니,/ 때 되면 알아서 피어나소…") 또는 「꽃」("누가 나를 불러다오/ 나는 그에게 다가가/ 그의 치욕이 되고 싶다…")을 보면, 이는 단순한 패러디 이상의 의미를 갖는다. 전자는 미당의 시 「국화 옆에서」에서 나타난 자연과 인간의 수고와 노력 대신, 꽃은 "때 되면 알아서"(또는, "내키는 대로", "되는 대로") 피는 것이다. 무위자연과 무심의 태도다. 후자는 '김춘수의 「꽃」을 거부하며'란 부제를 달고 있다. 꽃은 의미 대신 "의미를 지워줄/ 그림자"로, 빛과 향기가 돋보이는 꽃 대신

"혼돈 속에서 몸 비틀며" 피어나는 사물로 드러나 있다. 이처럼 김세웅의 시는 자유와 혼돈, 비탈의 언어다. 말 아닌 말이다. 「"요구르트가 뒤에 있는 줄 모르고」, 「문」, 「죽음이 온다고?」, 「어, 황혼」 등도 그 연장선에 놓인다.

요구르트 찾고는 염불 않으니,
모르는 게 염불이구나
그냥 모르면서 오롯하면!
되겠구나

—「"요구르트가 뒤에 있는 줄 모르고」 ①

종일 웅크렸다, 집 나온 나에게/ 황혼이 대뜸 묻는다/ "어쩔건대?" (「어, 황혼」) ②

대문 방문 모두 열어놓고 자봐라
잠이 오느냐? 무엇이 움직이는 게 느껴지느냐? (「문」) ③

아등바등 엄마 속 끓이며 따라가 봐라
엄마 가는 곳이
네 갈 곳인데,
가는 길에 한 번이라도 앞을 바로 보았느냐
엄마 얼굴이라도 제대로 보았느냐

—「죽음이 온다고?」 ④

①에서 요구르트와 염불의 거리, 무지가 그렇다. 특히 무지는 본래 면목에 대한 망각과 습관에서 온다("나는 너무나 오래 사람이었기에/ 원래 나이었음을 잊어버렸다"(「무지」). ②에서는 아주 퉁명스럽고 도발적인 물음("어쩔 건대?")으로, 어디 "세상과 맞짱"(「푼수」)이라도 뜰 태세다. 주체인 나와 대상인 황혼의 관계 설정이 뒤바뀌어 있으며, 여기엔 존재와 시간의 의미가 주어져 있다. ③에서 닫힌 열림의 표상으로써 문은 문(門)이자 문(問)이다. 무명과 몽매에 사로잡힌 중생을 향해 내리치는 선승의 죽비랄까. ④에서 엄마의 얼굴이 죽음이라면, 죽음과의 대면은 "앞을 바로 보"는 일이며 "제대로 보"는 일이다("세상에는 우리가 알고 있는 그 이상의 무엇이 겹겹이 이 현실을 에워싸고 있어. 그리고 그것들은 서로 유기적인 관계를 맺고 있지. 그 관계는 실타래처럼 죽음 이후의 세계에까지 이어지고 있어. 나는 삶과, 죽음 이후의 현상을 제대로 바라보기 위해 노력하고 있단다." 김세웅 장편소설 『모래성의 궤적』). 그리고 무엇보다' 현실성(wirklichkeit)'을 깊이 이해하고 투시하는 일이다. 궁극적인 관심사로써 현실성은 어느 모로 "죽음에 이르는 길 위에서 마주치는 것"(빌렘 플루서)이다. 얼굴은 신체의 일부이긴 하지만 타자의 속성을 지닌다. 죽음은 삶의 또다른 차원으로서 얼굴의 이미지를 갖는다. 얼굴은 우리가 도달할 수 없는 것, 너머와 여기가 동시에 존재하는 장소이다. "죽음에 이르러서야 얼굴이 온전해진다"는 도미니크 바케의 말이나, "사물에 얼굴을 주어 그것을 무한의 흔적과 관련된 장으로 만드는 활동이 예술"이라는 엠마뉘엘 레비나스의 말은 모두 얼굴이 갖는 존재의 신비를 나타낸다. 김세웅의 시는 일상과 관습에 대한 타자

로 기능한다. 무엇이 본래의 현실이고 영원한 현재이며, 어떤 것이 참된 나인가를 끊임없이 질문하고, 이렇다할 상(相·想·常·像)의 깨뜨림을 추구한다. 경계의 언어다. "내가 해석 당하고 조립되는 게 싫어서 가끔 스스로를 흔들어 활자를 털어낸다 그것이 요즈음 나의 시"(「전집 읽기」)라는 진술도 같은 맥락이다.

나의 하느님

한편, 이번 시집에는 '하느님'이란 말이 시제로 많이 주어져 있다. '앉은뱅이 하느님, 쉬 하는 하느님, 늙어가는 하느님, 팔공산 하느님, 기억 속의 하느님, 나의 하느님, 누더기 하느님, 주식 하시는 하느님, 방귀쟁이 하느님, 대책 없는 하느님, 울보 하느님' 등이 그것이다. 다음 시를 보자.

내가 경배하는 신은
간절히 부르면
감격으로 응답하는 신이 아니다
뜨거운 눈물을 쏟게 하거나
감사하도록 들쑤시는 신이 아니다
나의 신은 나보다 더 낮은 자리에 있다
너무 낮아서
오히려 내가 신의 경배를 받을 위치에 있다
나의 신은 누더기를 걸치고 있다
나의 신은 잔바람에도 잦아드는 촛불 닮았다
꺼져도 다시 켜질 기약 없는,

아무런 약속도 남기지 않는

나의 하느님.

—「누더기 하느님」 전문

내가 생각하는 신은, 하느님은 결코 종교적이거나 제도적인 차원에서 하느님이 아니다. 부름과 응답의 신이 아니며, 뜨거운 눈물과 참회의 하느님도 아니다. 지상의 비천한 나보다 더 낮은 자리에 거하는 하느님은 앉은뱅이거나 우리와 같이 배설을 하고 자주 울어대며 같이 늙어가는 하느님이다. 늙어 "부활(마저) 잊으신 하느님"(「기억 속의 하느님」)이다. 또한 주식을 하고 연신 방귀를 뀌어대는 대책 없는 하느님이다. 그는 화려한 의상이 아니라 남루(襤褸)를 걸치고 너무 낮은 자리에 있어 하느님보다 오히려 내가 신의 경배를 받는 느낌이다. 나의 하느님은 어떤 복음도 언약도 남기지 않는, 촛불이 "꺼져도 다시 켜질 기약 없는" 무(無)의 존재다. 뿐 아니라, 내 기억 속의 하느님은 "어린 시절, 아침밥 먹을 때면 기다린 듯/ 열린 대문 들어서던 하느님/ 의수에 미제 깡통 달고/ 밥을 빌던"(「기억 속의 하느님」) 거지 하느님이다. 김세웅 시인의 의식과 상(常)의 깨트림은 깨달음의 차원을 넘어 깨침이다. 파격(破格)이다. 종교적인 인간이나 초월자의 예언도 그에겐 설득력을 갖지 않으며, 온갖 미물과 사물('개·돌멩이·휴지')에서도 예언이, 설교가 가능해진다("요즈음은 지나가는 개도 예언을 한다 … 돌멩이는 돌아앉으며 당신에게 설교한다 바람결에 구르는 휴지조가도 애써 돌아보며 잎닐을 예언한나"). 이어 살펴볼 작품은 「뜰 앞에 잣나무」이다.

초등학교육학년겨울에할머니께서돌아가셨다당시엔중학교입시가있던시절이라나는장례에참석치도않았다대학시절할아버지돌아가시고선산에서나는먼발치로하관이며관주위로뿌려지는횟가루를구경만하였다내나이사십에아버지돌아가시고무덤속석관으로들기전의아버지발을꼭잡으며그순간을잊지않으려다짐하였다그오년후에어머니돌아가셨다나는무덤구덩이속에들어가서석관에누이려는어머니의시신을받아들었다석관뚜껑이닫히기전에광목속어머니의얼굴을새기듯이만졌었다그리고오년후처음객지살이떠날아들이그전날함께자기를청하였다먼저잠이깬새벽에아들의머리며손발을만지다가함께하는세월은햇수에관계없이짧고도긴순간임을절감하였다창틀에아직차가운이월의달이나와눈맞추려고서으로가던길을멈추었는데문득내나이오십아들나이이십이되어있었다.

—「뜰 앞에 잣나무」 전문

시는 하나의 질문이며 화두에 속한다. 인용시의 제목은 불교의 세 가지 화두('이 뭣고', '뜰 앞에 잣나무', '부처는 마른 똥막대기') 가운데 하나로 지목된다. 조주선사가 들었던 이 화두선을 시제로 내세운 이유는, 또 시제와 본문은 어떤 관계에 놓여 있는가? 먼저 시의 내용을 보기로 하자. 전반부는 시간의 흐름에 따른 인간—혈육의 죽음을 다루고 있다. 할머니—할아버지—아버지—어머니를 차례로 떠나보낸 나는 이제 천명(天命)을 아는 어른이 되었다. 어린 시절엔 죽음과의 거리가 느껴졌지만 철이 들고 장성해선 죽음을 좀더 적극적으로 받아들인다. 그것은 죽음에서 갖게 되는 두렵고 무서운 심리적 요인 보다 살아 생전의 마지막 순간을 오래 기억하기 위해서다. 망자와의 신체 접촉도 결코 마다하지 않으며 도리어 더 강한 집착을 드러내 보인다. 다시 나는 어른이 되고 아이를 낳고, 그 아이는 이제 스물의 나이가 되었다. 아들이 처음 타관으로 떠나기 전 나는 새벽녘 그의 머리며 손발을 만진다. 그 옛날 돌아가신 아버지의 마지막 발을 잡고 어머니의 얼굴을 만지듯. 접-촉은 순간의 영원을 기억하는 유일의 방법이다. 이월의 밤하늘에 달이 뜨고 가던 길을 멈춘다. 달과 나의 눈이 마주친다. 순간, 나는 오십 아들의 나이 이십이다. 제목과의 연계성으로 말하자면 '뜰 앞의 잣나무 庭前栢樹子'는 원래 달마가 서쪽에서 온 까닭은 무엇인가에 대한 조주선사의 답이다. 무문관(無門關) 37칙에 나오는 이 선문답은 문답 아닌 문답이다. "달마가 서쪽에서 온 까닭은? 뜰 앞의 잣나무"라는 선사의 이 동문서답은 공(空) 사상이나 인연생기의 이치와 깨침, 선문답의 차원에서 보면 언어 이전의 언어다. 그 경지의 "경계가 있으면 저절로 높은 격조가 생기고 뛰어난 구절이 된다. 有境界則自成高格, 自有名句"(왕국유). 있는 그대로의 알아차림과 분별심을 넘어선 달 자체. 뜰 앞의 잣나무 혹은 죽음은, 생은 어디에 있는가. 그리고 문제는 「뜰 앞에 잣나무」란 시제에서 뜰 앞의 '의'가 갖는 대상성이 아니라 뜰 앞에의 '에'가 갖는 지금-여기의 현전성이다. 삶은 가고 오는 것. 이러한 "순수한 운행을 따를 때만이 시는 그 진정성을 얻는다."(프랑스와 줄리앙-유병태 옮김, 『운행과 창조』). 그리고 띄어쓰기를 무시한 경우에서 보듯이, 모든 것은 이어져 있다는 사실. 그 흔적과 차연

(差延, Differanc : 자크 데리다)의 글쓰기는 자유와 혼돈, 죽음이라는 생명이다.

서정과 다른 서정

서정시는 기본적으로 발화자인 나의 내면과 고백이 대종을 이룬다. 존재론적 고독, 불안과 불만, 욕망의 정서와 정동(情動)이 그렇다. 나는 누구인가? "두 손 모으고 서 있으면/ 오월의 신부지요/ 한 손만 들면/ 버스 같습니다/ 두 손 다 들면/ 정처 없습니다// 돌아서면/ 모르는 사람입니다/ 눈 감으면 집이요/ 뜨면, 타향이지요/ 사진기를 들이대면/ 술래에게 들킬세라/ 움쩍 않습니다// 만인 만 색의/ 누구일까요?"(「나」)에서 우리는 자아에 대한 김세웅 시의 특징적인 면모를 확인할 수 있다. 손과 눈 등 신체를 매개로 한 이상과 현실, 유와 무, 주체와 타자, 정(靜)과 동(動), 길과 집의 이미지에서 "만인 만 색의 (나는) 누구?" 나—자기(自)는 코(鼻)다. 환영이다. 길이다. 다시 나는 어디에 있는가?

쩔어서 퇴근하는 저녁
눈높이의 석양을 바라보며 말을 몰 듯 차 모는데
덜컹이며 앞서가는 화물차
그 뒤칸에서 날아오는 가축의 분뇨냄새
가축은 없이 빈 우리, 쇠창살만 덜컹이는데
말 그대로 가족인 가축을 어디에다 부리고 돌아가는 우마차냐
아무래도 나도 어디에다 스스로를 부리고 돌아가는 느낌
몸 속에 거름 냄새 사람 냄새 가득 풍기는데

정작 사람은 어디에다 부리고 돌아가고 있다
못 피우는 담배 물고 눈으로 화물차를 좇다 보니
아니다, 나는 스스로를 부리러
가는 길이다.

—「석양의 우마차」 전문

나는 목숨이다. "스스로를 부리러/ 가는 길" 이다. 이 시는 이와 같은 명제적 느낌이 '석양의 우마차'라는 향토적인 정서와 어우러져 미묘한 분위기를 연출하고 있다. 하루 해가 저물고 피곤에 지친 나는 말을 몰 듯 차를 몬다. 앞서 화물차가 덜컹거리며 간다. 가축을 실었던 탓인지 빈 창살에서 분뇨 냄새가 난다. "가족 (같은) 가축"을 "어디에다 부리고 돌아가는" 길인지 나는 묻는다. 그 순간, 나의 몸속에도 "거름"과 "사람 냄새"가 난다. 사람을 내 뜻대로 부리고 안쓰러운 마음에 못 피우는 담배를 입에 문 나는, 연기는 허공 속으로 이내 사라지고 만다. 화물차와의 거리는 이제 안중에도 없다. 나는 스스로를 길들이는 중이다. 나의 길은 부림이라는 '됨(being)'에 있다. 석양과 일몰이 경계의 시간이라면, 그것은 부림과 됨의 사이에 있다. 우마차의 바퀴가 시간의 흐름이라면, 우리가 가는 길은 결국 돌아가는 길이 아니던가. 일상과 실재의 숨은 깊이를 드러내는 이 시는 길의 모티프를 갖는다. 〈왜 모든 쓸쓸한 것들은 집이 아니라 길을 만드는가〉. 나는 환한 어둠, 환한 약속이다.

한편, 「겨울 삽화」("눈 나리는 이슥한 밤/ 소등하고 누워, 그대여 안녕/ 아마 흰 머리카락 날리며, 살아있을/ 그대여 안녕/ 어두운 방, 유리창을 마주하고 누우니/ 그대 달리던 모습/ 오십 년 전 산천과 함께 찰랑이던 머릿결/ 흰 눈 되어/ 소등한 창 밖에 나풀나풀 나린다/ 헛간의 빗장처럼 두 손 가슴에 걸고/ 그대여 안녕, 열두어 살 기억 속의 소녀를/ '그대' 말고 무어라 부를 건가/ 철부지 이후 못 만나지만/ 추억은 약속 아니랴/ 아쉬움은 없나니/ 내리는 흰 눈/ 어두운 유리창 너머 보고 있자니/ 그것으로 모두/ 이루어진 게 아니랴")의 경우를 보면, 이는 전통적인 서정시에 속한다. 그것도 사랑의 서정시다. 흑백의 대비(소등한 방안 VS 창밖의 흰 눈)가 무엇보다 아름답고 신비로운 이 시는 삽화라는 제목을 달고 있지만 여운과 반향이 있다. 삽화(episode)의 기억은 순간적인 경험일 수도 있지만 심리적 반복으로 인한 지속적인 경험에 해당한다. 기억 속의 소녀에 대한 나의 추억과 그리움은 벌써 반백년으로, 밝고 환한 "약속"이다. 내게 소녀는 "그대" 말고 딱히 부를 말이 없다. 익명의 '그대—소녀'는 너머와 여기를 잇는 하나의 신화로써 "여인이면서 소녀이고, 처녀이면서 어머니이기도 한 코레—페르세포네의 신비롭고 비결정적인 형상"(조르조 아감벤,『말할 수 없는 소녀』)을 지닌다. 겨울은 삽화의 시간이다. 사이 존재로서 겨울에는 이미 봄이, 사랑이 환상이 내재해 있다. 다음은 다른 서정의 시편이다.

엘리베이터를 기다리며
서늘한 뒤통수를 돌아본다
아무도 없고
창틀에 기대어 풀벌레 소리,

연필을 깎고 있다
풀벌레, 종일 공부하느라
엘리베이터는 이 구멍 저 구멍 옮겨 막느라
가을 낮이 짧구나.
번지도 모르면서 옮겨 다니느라
나는 어지러웠구나.
가을볕에, 풀벌레의 깨알 눈은 멋지게 마르고
이승의 수 없이 밝은 깨알에

환한 저녁,
문제
없구나.

—「환한 저녁」 전문

나는 승강기를 기다리며 뒤통수를 돌아본다. 의식의 높낮이로 갑자기 서늘해진 탓이다. 누구도 없다. 풀벌레만 열심히 경을 읽고 있을 뿐. 승강기는 그 소리의 구멍을 막기 위해 안간힘이다. 가을 낮이 짧다. 승강기는 이리저리 소리를 옮겨 막고 나는 번지수도 모르면서 이리저리 옮겨 다니느라 하루 해가 짧다. 어지럽다. 한낮 가을볕에 풀벌레의 눈이 이내 마르고, 이승의 밝은 깨알로 저녁은 어둡지 않다. 여기서 "가을볕에, 풀벌레의 깨알 눈(이) 마르"다라는 표현은 묘사의 백미(白眉)다. 나의 저녁은 이제 두렵지 않다. 그것은 순전히 깨-알, 즉 알을 깨침에 있다. 독시와 공부에 있다("독서 중에/ 좇아오는 발소린가 하여/ 주위를 둘러보니/ 창

밖에 소나기가 쏟아진다", 「팔월의 폭우」). 「석양의 우마차」에 비해 다른 서정이 느껴지는 이 시는 빛과 소리, 문명과 자연의 조화, 모순과 모순의 일치로 인해 서정시에 아름다움과 깊이를 부여한다. 환한 어둠, 어둠이라는 빛은 시적 진리의 다른 명명이다. 김세웅 시의 특징은 "풀벌레의 깨알 눈"에 해당하는 미시적 상상, 비장소(atopos)로써 '뒤통수'에 있다. 뒤통수는 뒤로 통하는, 뒤를 깨치는 수월한 능력이다. 우리가 스쳐 지나는 개똥(밭) 같은 이승과 현실에는 아닌게 아니라, "수 없이 밝은 깨알"이 숨어 있지 않은가.

한편, 「칼과 못」("부엌칼 옆에 웬 못이 있다/ 당근이며 배추, 파, 오이, 햄이며 생선까지/ 부엌칼은 닥치는 대로 베고 썰며/ 조금씩 다른 느낌들을 응시한다/ 그런데 뜬금없는 못은/ 부엌칼 옆에 누워서도 한 번에 박힐/ 그 곳만 골똘하다…")에는 그만의 예리한 시선과 다른 서정이 느껴진다. 칼이 응시와 유용성, 시간을 표상하는 거라면, 못은 집중과 쓰임새, 장소를 나타낸다. 무엇이 우선인가, 라고 했을 때 문제는 칼의 느낌과 못의 생각, 즉 응시와 집중의 차이다. 다시말해, 부엌칼이 "당근이며 배추, 파, 오이, 햄이며 생선"을 "베고 썰" 때, "조금씩 다른 느낌들을 응시"하는 주체라면, 오로지 단 "한 번에 박힐/ 그 곳"에 집중하는 사물은 못이다. 한 바퀴 굴러 다시 생각해 보면, 이는 결국 서로가 서로를 알아보는 시간과 장소의 문제. 응시라는 집중, 집중이라는 응시가 그것이다. 이처럼 시의 묘처는 "질문과 답이 펄펄 살아 한 몸인" 사실에 있다.

유니크한 표현과 상상

김세웅의 시는 독특한 표현과 새로운 발상으로 읽는 이의 이목을 집중시킨다. "세상의 틈으로 아지랑이 피어난다"(「슬픈 노동」), "빛이 빗는 그림자"(「구멍론(論)」), "나를 외치는 곳에 내가 피어나고"(「꽃밭에서」), "채팅 문자처럼 사람들이 돋아있다"(「독백」), "문틈에도 가을이 끼어 있네"(「피차일반」), "팽이 안의 가난한 임"(「나의 배고픔은」) 등이 그것이다. 뿐 아니라, 어느 날 시인은 "식사 중에 뜬금없이/ 식탁이 연못으로 변하고/ 밥그릇이며 반찬 접시가 나 잡아봐라,/ 약 올리듯 이리 기우뚱, 저리 기우뚱, 가라앉는"(「심심한 식탁」) 상상을 한다. 「변신」의 경우를 보자.

집에 들려는데
들어오지 말라고 집이 소리쳤다
나의 대변인이요 입이었던 대문이 활짝 젖혀지며
쌍욕이 부글부글 끓어올랐다
대문 빗장이
들어서는 나의 등짝을 방게 뚜껑처럼 뜯어 올렸다
뚜껑 내부가 혼숙으로 어지러웠다
안된다고, 방게는 방에 들 수 없다고
집이 소리치며
대문 밖으로 나를,
늘 쓰던 나의 숟가락이며 밥그릇까지 내동댕이쳤다
대문이 쌍욕으로 끓어 넘쳤다.

—「변신」 전문

이 시에서 집은 이제 더 이상 거주의 장소가 아니다. 주인인 나와 적대 관계에 놓여 있다. 내가 "집에 들"라 하면 집은 소리를 친다. 집의 대문은 먼저 입구에서 활짝 입을 열어젖히며 나를 반색하는 게 아니라 다짜고짜로 욕지거리다. 그것도 "쌍욕"이다. 그리고는 문의 "빗장"으로 "나의 등짝을 방게 뚜껑처럼 뜯어 올"린다. 이 대목에선 골이 난다기보다 웃음이 난다. "혼숙"으로 어지러운 "방게 뚜껑"의 내부. "방게는 방에 들 수 없다"는 집의 말은 일종의 언어유희이자 알레고리에 속한다. 식사 때마다 애지중지하는 나의 수저는 문밖으로 내동댕이쳐지고, "대문(은) 쌍욕으로 끓어넘"친다. 반ㅡ역(反逆)과 상상, 변주의 기법은 김세웅 시의 주요 특질이며, 이는 대상 중심의 사고에서 가능하다. 집을 존재와 언어의 맥락에서 보자면 탈존(脫存)과 비언어의 방식이야말로 참이다. 거기에 "나로 바꿔치길 기다리는 또 다른 내"(「알라딘의 벽」)가 있다. 그는 또다른 나다. 다음 시를 보자.

오랜 골목에 돌아와서
지난 이름을 불러보네
낯익어 아직도 선명한 얼굴
슬픔이여, 부르면
그는 머리를 떨군다
다시 슬픔이여 부르면
머리를 숙인 채 멀어져 간다
찾을수록, 맞으려 할수록 멀어지고
부르고 불렀기에

나는 외롭지 않다
그의 이마는 부서지는 낙엽
그의 애틋함은 시효 지난 유배
그가 빚은 자학의 경전은
세월에 고이 닦여
기쁨의 신발이네.

―「탕자의 골목」 전문

흔히 기쁨과 슬픔, 그리고 욕망이 인간의 세 가지 기본 정서라면 「탕자의 골목」은 김세웅의 현재 심리를 특징적으로 반영하고 있다. 지금의 나는 문득 '돌아온 탕자'처럼 지난 세월을 돌아본다. 나는 외롭다. 렘브란트의 그림 〈돌아온 탕자〉는 집으로 다시 돌아온 아들이 아버지에게 무릎을 꿇고 있는 장면이 나온다. 돌아온 내 마음의 어둡고 "오랜 골목"에서 나는 슬픔이란 이름을, 얼굴을, 그대를 하염없이 불러 본다. 그는 여전히 새로운 낯빛으로 나를 반긴다. 다시 슬픔의 이름을 부르고 찾으려 하면 이내 고개를 숙이고 저만치 멀어져 간다. 슬픔의, 끓어오르는 물은 "타오르는 물이자 합(合)"(김세웅, 앞의 책)이다. "나는 외롭지 않다". 슬프고 허전한 마음은 나의 기원(紀元)이며 "참나의 그림자"(「'외로우니까 사람'이라고?」)다. 그랬을 때, 외로움의 존재론 혹은 외로움의 형이상학이 성립한다. 우리는 이미 존재하고 있는 모든 것들과 연대하고 있다. "외로움은 부재에 대한 직관이며 그리움의 감정"(오홍명, 『감정의 형이상학』)이다. 슬픔이나 외로움의 상황이 아닌, 감정 그 자체를 주목하고 부재의 현존을 의식하게 되면 슬픔과 외로움은 한없이 깊고 신비로운 실존의 선물, "기쁨의 신발"이 된다. 자학이 자애로 변모한 그것은, 내면의 그늘이며 하나의 경전과도 같다. "시를 쓰는 것은 우리의 근본 상태를 깨닫는 것이다. 이 깨달음은 항상 창조, 즉 자아의 창조로 승화된다"(러셀 셔먼, 『피아노 이야기』). "카르마적인 내재성"(시집 『후기』), 그 내재성의 내재성으로써 삶은 말의 근본이며, 뜰 앞의 잣나무다. 김세웅의 시에는 근원적인 모호함이 있다. 그는 말이 없다. 그 말 없음의 말, 말 아닌 말. "나는 언제쯤 말을 잊은 사람과 함께 이야기를 나눌 수 있을까? 吾安得夫忘言之人而與之言哉"(『장자』 외물). 그가, "오랜 골목에 돌아"(「탕자의 골목」) 오다.

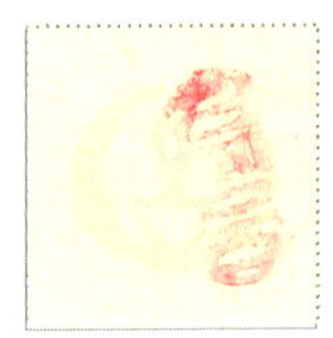

김세웅 시집_ 환한 약속

초판 인쇄 | 2021년 4월 15일
초판 발행 | 2021년 4월 20일

지 은 이 | 김세웅
발 행 인 | 이광복
편집국장 | 김밝은

펴낸곳 | 사단법인 한국문인협회 月刊文學 출판부
주소 | 서울시 양천구 목동서로 225 대한민국예술인센터 1017호
전화 | 02-744-8046~7
팩스 | 02-743-5174
이메일 | klwa95@hanmail.net
등록 | 2011년 3월 11일 제2011-000081호
ISBN 978-89-6138-457-5 03810

값 10,000원

잘못 만들어진 책은 바꾸어 드립니다.